우주예술

안다레우스

천산 아리랑

크메르 아가씨

지성 · 감성의 메타언어
조선문학시인선 · 357

천산 아리랑

이 원 영 시화집

조선문학사

저자 근영

■ 책머리에

엉터리 시(詩)쟁이

무형의 에너지 소용돌이 속에
잠시 구름처럼 형상(形象)으로 다다라
바람처럼 서술(敍述) 저 너머
안다레우스 성좌(星座)로 사라지기 전
이 무지개 행성(行星)에
시화(詩畵)를 나부끼고 싶어라

텍사스 헤밀톤 풀에서 만난
나의 친구 꽃사슴아
세도나 벨락(Bell Rock)의 극락조야
하와이 와이키키 홍관조야
정발산 얼굴 모르는 너구리야
다음번 혜성이 스쳐갈 때
달무리로
내 소식을 전해주마

甲午 早春
저 자

천산 아리랑 차례

크메르(Khmer) 아가씨

저 널브러진 메콩강(Mekong River) 파도 저편
떨리는 달빛은 애타도록 수줍은
귀밑머리 크메르 여인의 순정인가

바람벽 타고 춤추는 저 빗줄기 속
청순하리 노래하는 연꽃의 향기는
열여섯 크메르 여인의 눈빛인가

저 캄퐁창 이득히 흐르는 녹음 아래
홍얼거리는 무지개의 끝없는 떨림은
어느 크메르 여인의 붉은 입술인가

앳된 크메르 아가씨 청순한 젖가슴
그 찬란한 보랏빛 봉우리의 속삭임은
어느 천사가 부르던 영혼의 노래인가

앙코르 와트 시바 신의 웅장한 춤 너머
훌쩍훌쩍 출렁이는 저 노을의 몸부림은
어느 크메르 아가씨 분홍빛 심장인가

Andaleus · 1

헛되지 않으련만

내 영혼의 손톱에 묻은 먹물이
천강에 목을 축이고
서술(敍述) 저편
유유히 떠다니다가
초신성(超新星)을 만나
시(詩) 한수를 읊을 수 있다면
어지러이 널린 짝짝이 인생
헛되지 않으련만

내 의식의 나래 끝 춤추는 무지개
천산 붉게 물들이고
은하 저편
긴 음률(音律) 목메이다가
님의 영혼 치맛자락에
그림 한폭 그릴 수만 있다면
맨발의 애송이 나무꾼
헛되지 않으련만

Andaleus · 2

내 청운의 꿈 향기로 나부끼어
십자성 청청이 눈부시고
시간 너머
홀황(忽怳)으로 떠다니다가
님의 불타는 정열의 가슴속
천일야화(千一夜話) 사라질 수 있다면
일그러진 추상(抽象)의 한생(一生)
헛되지 않으련만

내 무심을 향한 단상(丹想)의 여정
은하는 손짓 하고
생각 너머
금강경(金剛經)의 세계
의식으로 떠다니다가
어느 날 닐바나로 사라질 수 있다면
꿀꿀이죽으로 연명한 세월
헛되지 않으련만

Andaleus · 3

인생 그래도 남는 장사

황야의 노스탤지어
마뉴멘트 베리 늑대 울음 벗 삼아
은하 이불삼고 오늘밤도 고향 꿈에 몽롱하다

성난 바람 무지개다리 너머 내 고향 분명 있으련만
기약 없는 떠돌이 행낭 초라한 내 등에 매달리네

실 난초 향기 빗소리 따라 그랜드 캐넌 우지지고
메사(Mesa)에 삐딱이 걸린
세도나의 벨락(Bell Rack)이 나를 유혹하네

시름을 핑계하랴 구름친구여
고향 떠난 풍류객 너 홀로라더냐
가서라 갔다 가서리

구름친구 덧대지 마라
그래도 인생은 남는 장사
오늘보다 내일은 찬란한 태양이

※메사(Mesa) : 사방이 절벽이고 정상이 평평한 산.

Andaleus · 4

3월의 여인

춤사위 끝자락 불똥처럼
그녀의 일생은
너무나 짧았다지

썩은 칼날을 휘두른
동기호테
그 잔인한 웃음처럼

그대와
나와의 만남은 허망한
운명을 출산하였지

무엇을 위해 의식은 춤추고
희망은 꿈속에서
넌더리지도록 몸부림쳤나

Andaleus · 5

오늘보다 더 좋은 세상

오늘보다 더 좋은 세상을 위해
나는 시(詩)를 읊으리니
나의 시(詩)로
헐렁한 도포(道袍)를 지어 입고
수미산에 올라가 너울너울 춤을 추리니
내 도포자락
세상 눈물, 근심 휩쓸어 말끔히 씻기오리니
그 도포자락 움켜쥐고
안다레우스로 올라가면
세상 고통 근심 눈물이 다시는 없으리니
이 아니 태평연월(太平烟月)이 아니겠는가
세상 고통, 근심, 눈물 사라지는 그날까지
나는 시랑(詩郞)으로
온 누리 주유(周遊) 하리니

천상의 내 사랑아
천국에서 나를 기다리지 마오

Andaleus · 6

5월의 사나이

강물로 떠내려간
어제의 연민이
내일은 꽃잎 폭풍으로
다가오려나

왜, 은하는 오늘도 침묵으로
하늘을 덮고,
직녀(織女) 떠난 견우는
무거운 어두움 속
멋쟁이 화석으로 굳어 가는가?

쏟아지는 살 별
연민의 긴 메아리 되어
삼라만상을 휘몰이 하는데

Andaleus · 7

생명의 근원을 찾아

하이랜드(High Land)
벚꽃 별이 되어
태평양 징검다리
곤륜산 저 아래 아득히 멀구나
은하를 건너
우주 저편 춤이 질퍽한 나래잡고
의식의 광대
생명을 더듬이 하랴

생명(生命)
근원은 오리무중(五里霧中)
해가 거기, 땅이 여기, 달이 거기,
있다고 아니하고, 없다고 아니할 홀황(忽荒)
빛이 없고, 어둠도 없는, 있고 없고가 존재하지 않은,
말이 되지 않은, 황당무계(荒唐無稽)
의식의 씨앗을 잡고
겁먹은 두꺼비 눈만 껌뻑껌뻑 떼쟁이었느니

※ 하이랜드(High Land) : 미국 로스엔젤레스 동부에 있는 지명.

Andaleus · 8

서술 저편

바람처럼 걸리지 않고 물처럼 자유로운

의식을 너머
우주의식의 에너지 진동이 생명현상이다
빛의 빠른 진동은 에너지이고 느린 진동은 물질이다

무상세계
마음이란 빛의 파동의 여러 가지 형태

내던지고 가야 할 길

그래도 인생은 아름다워라

Andaleus · 9

이것도 인생

인생은
해답 없는 물음이다
호기심은 똥 묻은 마녀 이빨
감각은
피를 먹는 미치광이
연민이란
넋 잃은 꼭두각시 춤

온갖 풍경
무자비하게 떠나고

허무는
지랄같이 춤추고
희망이란 사기꾼
미끼에 환장(換腸)한 망나니
이것도 인생

Andaleus · 10

시월의 여인 떠나가고

하냥, 헐벗은 사랑의 아픔 그리워
그 숨소리 아득히 떨리기만 하였지

신비의 시월의 여인, 웃음 떠나
노을빛 가득한 슬픔만이 남았지

소망은 그토록 뜨겁게 불타오르고
별빛 아래 서러움 떠날 수 없었지

욕망이 싸늘하게 죽어간 치악산
진한 눈빛 너무 눈부시어 타오르고

차라리 시간이 존재하지 않은 곳으로
공간을 타고 마냥 떠나갈 지금이지만

Andaleus · 11

모시 오아 툰야

구십만 년 젖으로 흐르는 꿈이다가
위풍당당(威風堂堂) 발기한
무자비한 성기로 유린당한 질펀한 자궁
쾌감, 영혼의 신음소리
절정이 분출한 배설물 천공(天空)은 오리무중이다
겁먹은 산이 줄행랑
암, 오작교를 흔드는 이브의 절규
지축이 우그러져가는 비명
길 잃은 코끼리 떼 몽유병 환자다
솟아오르는 연기, 천둥, 번개는 동시 출산한 세쌍둥이
시야는 흰 장막 속으로 빨려들고
몽롱한 정신, 낮에도, 밤에도 무지개 모락모락 숨쉬는
영원한 환상의 율동 '모시 오아 툰야'
불멸의 아프리카 꿈 가공할 대자연의 서사시

※ 모시 오아 툰야 : 빅토리아 폭포를 현지 원주민들은 이렇게 부른다. 잠비아 짐바브웨 국경을 흐르는 잠베지 강에 있다. 세계에서 가장 큰 폭포. 유네스코 지정 세계자연유산.

Andaleus · 12

가서리 가서라

둥둥둥
세월은 인생에 묻어
가서리 가서라
둥둥둥

희망은 가슴에 묻어
가서리 가서라
둥둥둥

신(神)속에 우주는 흘러
가서리 가서라
둥둥둥

웃음에 죽음이 묻어
가서리 가서라
둥둥둥

Andaleus · 13

와이키키의 홈리스(Waikiki Homeless)

지상천국 꽃 중의 꽃 와이키키
환상의 웃음이 흐드러진 비치가
찬란한 춤사위 해가 뜨고 지고

풍요의 변경 내동댕이친 홈리스
문명의 짙은 검은 구름 목에 걸려
참새가슴 시원한 숨소리 아쉬워라

훌라춤에 흐늘기리는 우쿨레레 가락
햇불에 실려 다이아몬드헤드를 넘는데
어둠 속 홈리스 한숨 밤샐 줄 모르나

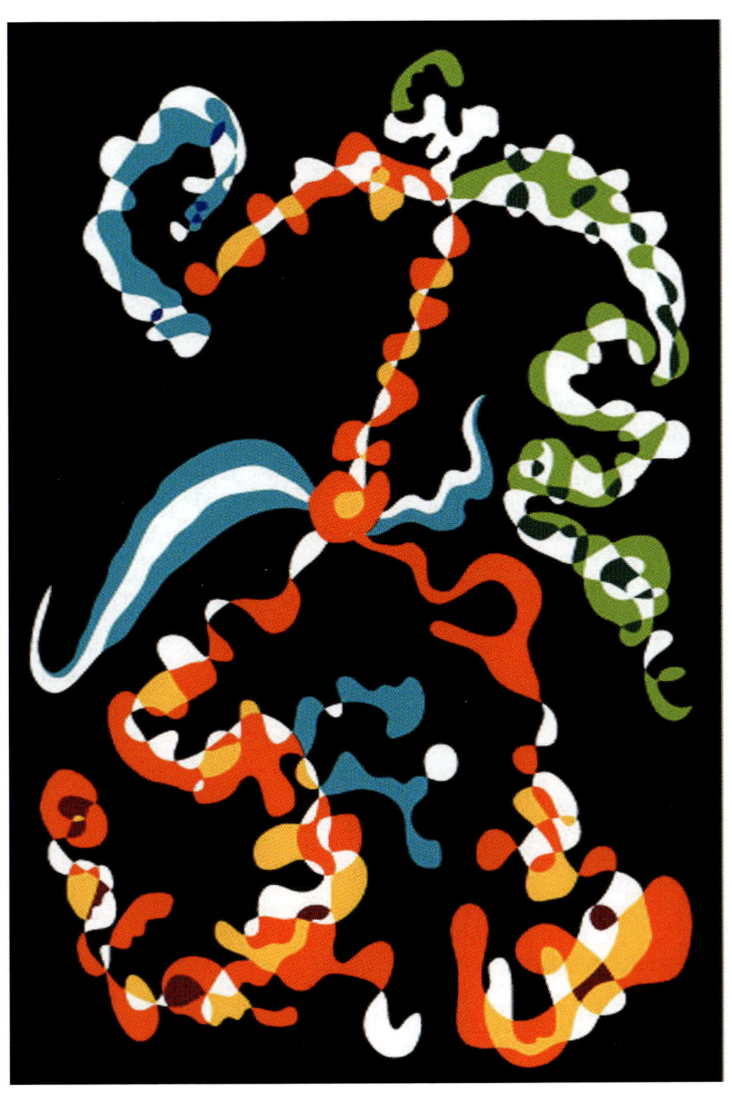

Andaleus · 14

알래스카의 밤

알래스카
해맑아 차가운 달빛
추가치(Chugach) 산등성이에
가락지어 내리고

늑대의 긴 넋두리 울음
삼삼이 밤새워
북창을 두드리누나

하얀 시간 아득히
저 너머
내 고향 아련하기!

보랏빛 투명한 밤
줄줄이 매달린 보라의 꿈
덧칠할 수 없어라

Andaleus · 15

무심(無心)

흥에 겨워 춤추듯
호수에 떨어지는 이슬방울
어느 초신성에서 온 손님이련가

무한(無限)을 넘어
선녀의 웃음소리 간드러지고
장송(長松)은 떨면서 시(詩)를 읊는다

무상(無常)을 넘어
무심(無心)을 가로질러
삶은 흥(興)에 자지러지는데

세월은 너풀대고
인생은 유구히 흘러갈 뿐
영혼은 해탈(解脫)에 꿈을 삼킨다

Andaleus · 16

살기를 기만하는 나비

통쾌한 복통의 너풀대는 어진 웃음 샘물소리
가도 오도 못할 무녀의 넋두리 가락에
침전된 영혼의 발가락 냄새
하느작거리는 염라대왕 수염에 매달린 그 염원아
시간이 질주하던 동산 그림자 어쩌니
어쩌느냐
훌렁훌렁 허기진 왕릉
미친 석불의 모퉁이에서 떠벌이는 유령의 춤
이제
살기를 기만하는 나비의 노을로 터럭을 방치한들
어느 전설이 침범하는 묵은 슬픔이랴

Andaleus · 17

고향 꿈

만발한 뻐꾸기 울음 안고
고향 꿈 달빛으로 왔거니
나의 시(詩) 창가에 기대어
무성한 이야기꽃 흐르리야

아득하여라 하늘 저편
기러기 구름인양 춤추고
우물가 두레박 전설들
꽃수레 탄 웃음 반겨오랴

박꽃 향기 은하수가에
밤마다 그리움 너울지고
물새 남십자성에 앉아
아득한 지난날 울먹이랴

Andaleus · 18

변방의 꿈

어두움 비집고 달려온 달빛
푸른 노래 강지어 흥얼거린다

나의 꿈에 실려간 나
우주 변방에 흐르고

시름이 설래여 나부끼다가
때아닌 동풍에 이지러지네

Andaleus · 19

감상(感想)

얼레지 꽃 눈시울 속
그리운 순간들 홍얼홍얼
흰 구름 찰랑이는 산마루
슬픔이 무리지어 흐른다

너와의 순간들이 던져진
따뜻한 눈송이 사이사이
빙하의 김성이 무수히 어려
희망의 파도가 소리친다

Andaleus · 20

가득해서리 좋아

얼굴은 웃음 가득해서리 좋아
가슴은 기쁨 가득해서리 좋아
부부는 사랑 가득해서리 좋아
가정은 행복 가득해서리 좋아
뜰에는 꽃이 가득해서리 좋아
들에는 곡식 가득해서리 좋아
산속 새소리 가득해서리 좋아
바다는 고기 가득해서리 좋아
하늘은 희망 가득해서리 좋아
세상은 평화 가득해서리 좋아

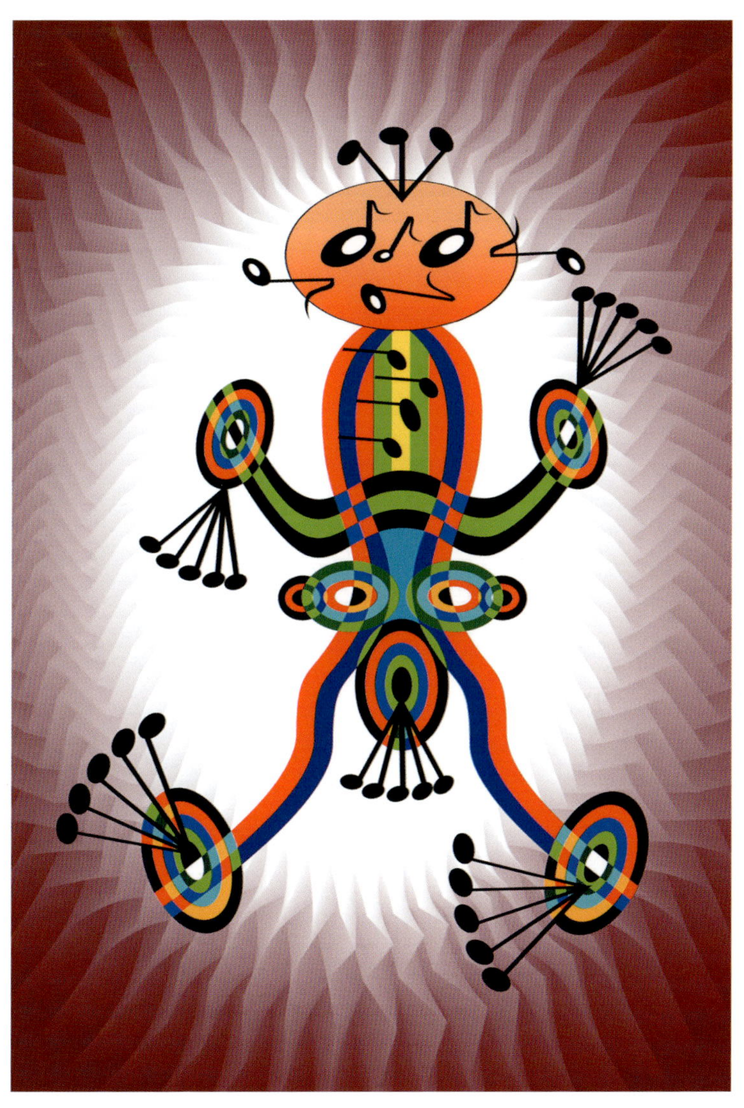

Andaleus · 21

모르더라

저 흐드러진 파도 위에
떨리는 달빛은
어느 여인의 순정인가

바람벽 타고
훌라춤에 매달린 현기증은
누가 흘리다만 눈물인가

나비같이 웃다가
벌처럼 울부짖는
우쿨레레 진혼곡은
어느 대해(大海)의 포효(咆哮)인가

천연색 고통이
질풍으로 휘몰아친
저 상처의 무지개는
어느 늑대의 자장가인가

Andaleus · 22

그리움의 소용돌이

뒤돌아 가는 너
덩그런 눈에 눈물이 글썽이었지
하느작이는 어깨 애처로움 흔들며
질퍽하게 사라져가고
지척이며 서성이는 매정한 노을빛
아련한 너의 웃음소리 소스라쳐 돌아다보지만
바람만 소슬히 지나갈 뿐
조각난 세월 그리움의 소용돌이
어질어질 술렁이어 하 세월 다시 만나리

어두움 타고 내려온 초롱초롱한 별빛
슬픔이 자지러진 거리
꿈속에나마 너의 눈망울 너울너울 춤춘다

피지 못하고 떨어지는 애잔한 꽃잎
메콩강 거센 물결에 울부짖다가
하년 세월 바다에 다다라 구름타고 고향을 가리

하룻밤 찰나의 꿈 천남성 굽이치고
쓰라쓰랑 천녀의 사랑 이내 가슴 간직하기 서러워라

Andaleus · 23

황량한 가슴

죽음처럼 포악한 파도는
와이키키 석양을 삼키고
우쿨레레 가락에 젖어든 어두움
해변의 횃불에 서럽게 펄럭인다

기억의 날개가 몸부림치다가
희미한 자국조차 멀리가고
가쁜 숨 몰아쉬어도 꿈인 양 아련하다

아
덧없이 하염없이 스치고 스러져간
수많은 여민의 부스러기
창공을 무심인양 떠돌다가
쏟아지는 별빛 되어
황량한 내 가슴을 어루만지누나

Andaleus · 24

덧칠한 추상화

읊은 시 넋두리
신기루로 너울지고
덧칠한 추상화
저 멀리 오는 세월
변방(邊方)에 하늘댄다

파나의 순정
메콩강 굽이마다
시름으로 안게 피어
광속으로 흐른 세월
더 가까이 볼 수 없어

Andaleus · 25

시간의 농간

모든 것은 변하고
변화는 신비이자
불가사의하다

변화는 생명이다
변하지 않은 것은 죽음이

사랑도
맹서도
행복도
희망도
미(美)도, 추(醜)도
선(善)도, 악(惡)도
우주도, 태양도, 지구도
진리도
신(神)도
시간의 농간(弄奸)이다

Andaleus · 26

어느 날에

37층
멀리 다이아몬드헤드가 바라보이는 나의 서재
하냥 외톨이
천하의 고독이 밀물처럼 몰려오고
왜, 외로움은 어두움을 앞세우고 서럽게 다가오는가

사랑이란 밀어, 핏빛보다 더 잔인함이여
창밖에 장대비 대지를 무참히 유린하는데
파도는 패로의 전차군단으로 나를 포박한다

차라리 질풍 속으로 미련 없이 사라져야 할
감상의 시어(詩語), 사랑의 말장난
귀 볼에 매달린 시린 눈물
긴 메아리로 서편을 달려간다

화창한 황금 꽃 스스럼이 북창을 밝히고
분홍색 꿈은
아라와이 카넬을 속절없이 누빈다

Andaleus · 27

가을의 여인

혼절한 사랑의 미로
속살속살 여정은 절망으로 화려하다
횃불이 찰랑찰랑 나부끼는 해변에
퇴색한 얼굴의 화장이 어른대고
때로는
반야심경의 보살이다가
울먹이는 우단바라이다가
신기루의 춤사위로
하느작거리는 선녀이다가
추억이 광풍으로 사라져간
가을의 여인이다가
아
어느 하년
나는
어두움 속 박꽃의 향기를 그리련다

Andaleus · 28

엇갈린 10월

10월의 그리움을 움켜쥐고 콧노래 휘저으며
불타는 단풍속을 질주한다

10월의 그리움을 움켜쥐고
흥겨움을 발길질하며
낙엽이 깔깔대는 능선길을 서성댄다

10월의 그리움을 움켜쥐고 귀밑머리 출렁이며
밤톨이 깔깔대고 비탈길을 미끄러진다

10월의 그리움을 움켜쥐고 도포자락 너풀대며
홀아비 과부댁을 넘나든다

10월의 그리움을 배낭에 짊어지고
비지땀에 범벅 되어 문장대를 기어오른다

10월의 그리움을 질질 끌고
강물이 수군대는
남한강을 한숨으로 움켜잡는다

Andaleus · 29

고향 매화 향기

출렁이는 풍경 속 외마디 소리 치며
사뿐히 피어오른 구겨진 고향 추억
지나는 실바람 춤사위로 너풀댄다

풀 벌레 울음소리 숲을 누빈다
폭포로 빨려 들어간 구름 한 점
물보라 무지개 속 고향 꿈 아련히

떠나올 때 두고 온 들창가 이야기
해사로이 나보고 미소 짓던 매화 향기
이팔청춘 임인양 품속에 젖어드네

Andaleus · 30

와이키키 비치

비치의 정오
몸부림치는 열기
우주의 기나 긴 숨소리
발정(發精)아
억수로 분출 하거라

동서의 혼돈의 춤이
광란(狂亂)으로 환호하고
피도가 이지러이
주살(誅殺)되는 백사장

갈증된 혼수의 해바라기
영겁을 넘나든다

이브가 소박맞은
이날에
에덴은
도떼기시장이다

Andaleus · 31

와이키키 비치의 정오

갓 태어난 전설이 유혹하는
춤바람이 질러대는 짙푸른 혈기
하루살이 천일야화(千一夜話)향연이다

싱싱하게 쏟아지는 해변
바람은 요염한 치마폭으로
작열하는 태양을 빗질한다

사소한 상념이 명상의 해골로 나뒹굴고
하늘과 바다 광란한 정사가
배출한 포말의 아우성이 집시로 떠도는 정오

차라리
하얀 죽음을 유혹하는 변방의 객이 되어
타는 눈빛
사랑의 밀어로 흥분한 백사장
발기 되어, 붉은 용암을 토해낸다

Andaleus · 32

파라오의 장탄식

파라오 눈물
둘둘 흘러가는 나일강
스핑크스 부러진 코
흐르다 멈춘 세월
클레오파트라
울음소리 펄럭인다

노예의 뼈를 갈아
무덤을 섬겼거니
왕들의 골짜기는
신기루의 꿈이런가
궂은비 자욱하니
피라미드는 슬퍼라

Andaleus · 33

천국(天國)의 초청장(招請狀)

천국(天國)의 화려(華麗)한 무대(舞臺)보다
세상(世上)의 변방(邊方)에서
고독(孤獨)으로 벗을 함도
하나의 멋이 아니더냐!

내 헛된 영화(榮華) 원치 않은바
천국(天國)의 유혹(誘惑)아
나의 옷소매를 붙잡지마오

어차피
시간(時間)의 흐름이야
천국(天國)과 이 생(生)이
다를 바가 없거늘

나 시선(詩仙)으로
살 수가 있다면
천국(天國)의 초청(招請)을
감히 사양(辭讓) 하노라

Andaleus · 34

진주만의 단상

푸른 영혼
너울 속으로 사라지고
갈매기 만장 무성한 진주만
장엄한 빛속으로
사라진 넋들아
매정한 파도의 행진
장송곡 지축을 울리누나

환상의 욕망에 질식한
묻어간 세월의 단상아
푸르메니아 향기 속
꿈꾸는 나비의 춤이
구관조 넋두리로
널브러져간
매직 아일랜드여

Andaleus · 35

그리운 눈빛

구름인양
하냥 맴돌아
겨울나비
앙상한 몰골
농락하더니만
열망의 강물
사자처럼
흐르기만

눈부신 검은 햇살
산허리 휘 조이고
봄의 꽃망울
황금 물결
초롱초롱 하더니
깜박이는
신선나비
눈빛 속으로
사라져가

Andaleus · 36

부정맥(不整脈)

초롱이던 맥박
둔탁한 부정맥이 쿠웅덕 쿵웅웅

어느 세월이 흘리고 간 낡은 짚신인양
피곤에 늘어져 쓴웃음 짓는 그림자
흰 구름 꼬리에 매달려
지척지척 정발산을 넘고

떨어지는 낙엽은 메마른 천둥소리에 놀라
찢어진 가슴을 부여안고
싸늘한 석장승 허리에 한사코 매달린다

언제인가 막연한 꿈속으로
사라지는 기약 없는 휴식
가을바람에 묻어
기나긴 겨울의 터널을 쿠웅덕 쿵웅웅
일그러진 발걸음
석장승의 한숨인양 싸늘하다

Andaleus · 37

미친 추상화

인생 지극히 덧없으매
사랑하느니

세상 어느 곳에 있든
죽음은 찾아오느니

애긋다
계절이 더 없이 화려하나
죽음은 삶을 향해 미소 짓고

아련한 만고의 영화 모르는 것
언제 어떻게
죽음에 다다를는지

죽음과 언제, 어떻게 마주해도
미련 없어라
그대 기다렸느니
인생은 미친 추상화였느니

Andaleus · 38

슬픈 영혼

고통의 혼란한
파도에 씻겨간 얼룩진 세월
그 발자국이여

캄캄한 절망의 절벽
불꽃처럼 피었다 시든 흰 솔나리여

죽음의 싸느란 벌판
휘휘하니 나동그라진
작은 가슴 슬픈 영혼아

그대의 영혼 위해
꽃수레에 진혼곡을 실려 보내노니

삼광조(三光鳥)노래 소리 따라
천상의 궁전으로 스스러이 갈 지어니

※ 삼광조(三光鳥) : 안다레우스 시집 표지의 새로 날개가 셋, 다리가 넷, Y자형 긴 꼬리로 이 세상과 천국을 자유자재로 왕래하며 하늘 땅 바다에서 활동하는 일곱 가지 아름다운 울음소리를 낸다는 상상의 새.

Andaleus · 39

목탁 인생

향락의 독주에 취했구나
타락의 늪에 흠뻑 젖어
목탁에 들어가 덩실덩실 춤을 추네

청춘은 인심이 좋아
세월에다 흠뻑 말아먹고
지식의 비빔밥 창자를 메우고
허우적허우적
누더기 껍데기 끌고 가네

그랜드캐넌 골짜기보다
더 큰 이마의 주름 서럽도록
깊기도 하다

사는 것이 별거더냐
장삼 자락 속에
청춘은 낡아
다시 돌아갈 수 없어
산마루 그림자 잡고
더럭더럭 울고 있네

Andaleus · 40

박꽃

일렁이는 밤하늘
서글픈 변방 홀로 앉아
정적을 잡고 매달린
애처로운 박꽃 한 송이
황금 눈빛에 흐드러진 열풍도
서산을 방망이질하는 달빛에
쇠잔한 웃음이 흐른다

소영(素影)의 귓가를 몰래 스쳐간 굉음
강가에서 서성이지만
어두움이 훔쳐간 박꽃 향기
의식의 무덤 속에 잠든 눈물이
샛별 되어
맑은 강으로 사라지더니

Andaleus · 41

웃음의 낭만

멧돼지 웃음소리에 호랑이 놀라 도망가고
너구리 웃음소리에 구름 배꼽 빠진다

참새 웃다가 눈 돌아가고
꽃잠자리 웃다가 턱 빠지고

아지랑이 웃음소리 꽃잎에 자들어
웃다가 길 잃은 무지개 지붕위에

파도웃음소리 노을에 누워
별빛 자장가 속으로

웃음 하하하하
웃음 호호호호 넘쳐흘러

웃음소리 낭만으로 흘러
천국에 만발한 꽃

Andaleus · 42

왕소군의 한숨

서쪽 새소리 그리움을 넘어
덕지덕지 쌓인 시간들이
만리장성처럼 지루하다

지척지척 떨어지는
처마끝 빗방울은
서시가 흘리고 간 눈물이더냐

생각의 마디마디 끼어든
고달픈 냄새는
왕소군의 기나긴 한숨이더냐

구슬프게 장대 끝에 매달린
고추잠자리의 황홀한 추억은
우물가 시골처녀 수줍은 방귀

Andaleus · 43

와이키키 얼간이

푸르메니아 향기보다
아름다운 그녀의 자태
파랑새 되어 날아가고
미련만이 여름 밤 땀냄새 되어
끈적끈적 칭얼댄다

그녀의 새 가슴에 내 얼굴을 묻고
태산이 울리도록
어깨를 훌쩍이던 그 시절

4월이 오면 다시 만나자고
그 약속이 족쇄 되어 피를 말린다

천년이 가고 만년이 가고
어설픈 다짐은 모래성이다

야자수 끝 잎에 매달린 의식(意識)
차디찬 절망
뜨거운 눈물이 활활 불타고 있다

Andaleus · 44

염라대왕을 웃겨라

웃음소리 하하하 아픔을 넘어
웃음소리 하하하 고통을 넘어
웃음소이 하하하 미움을 넘어
웃음소리 하하하 분노를 넘어
웃음소리 하하하 절망을 넘어
웃음소리 하하하 저주를 넘어
웃음소리 하하하 죽음을 넘어
웃음소리 하하하 지옥을 넘어
웃음소리 하하하 천국에 왔네

Andaleus · 45

새 부리에 매달린 추상화

흐드러진 추상화 뒤안길
태양은 곤욕스러워
두루마리 옆구리 대붓 움츠리고
빛과 같이 달려간 청춘

검은색 모두 밤이 아니듯이
흘러가는 것
세월만이 꿈으로 나풀거린다

끈적끈적 질긴 추억
나는 물감 되어 풍경 속으로
추상화속 우짖는 새
기어이 달빛이 통곡 하는가

밤이 가고
아침은 아지랑이 꽃 되어 훌쩍 날아갔는데
두루마리 속으로 사라진 내 영혼
낡은 붓털 한쪽
새의 부리에 대롱이네

Andaleus · 46

태양의 운명(殞命)

만리장정(萬里長征)
산자락 베고 나른한 육신 바다 위에 길게 누워있다
발가락 야자수 배꼽 위에 비슷이 걸쳐놓고
마지막 할딱이는 그의 장밋빛 숨소리
아득한 허공타고 내려온 연민의 검은 장막이
그의 눈을 덮는데
웅대한 여정의 길
누운 자리 흔적 없이 장엄하게 사라져 간다
엇갈린 운명(運命)
윤회(輪廻)의 향연이다

운명(殞命)의 찰라 저리 황홀할 수 있다면
터럭 같은 이 삶
결코 헛되지 않으련만

Andaleus · 47

이름도 없이

어두운 꽃
동굴 속에 피어
소리 없이 오색 눈물 아롱이고
여우의 울음소리 메아리쳐
상흔(傷痕)은 모자이크로 남아있네

만신창이 등을 매만지는
더붓한 달빛
비애기
진눈개비 되어
슬픈 강에 흘러가네

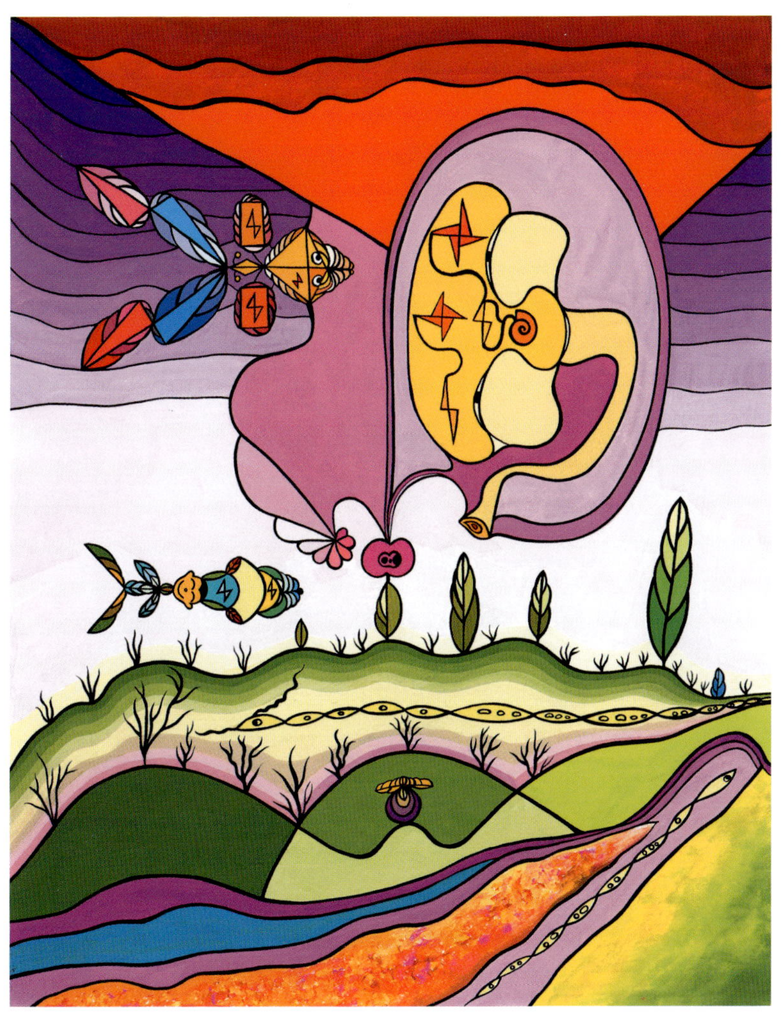

Andaleus · 48

얼싸리 얼싸라

별빛 눈부시어
차라리 서러운 밤
늑대 울음소리 사막의 어둠을 흔들어

잠인 양 꿈인 양
뜰에 복사꽃 해사로이 웃는데
고향은 하늘 저편 아스라이 사라지고

누덕누덕 낡은 목숨
한사코 매달려
죽음 언저리 이 밤도 서성거린다

얼싸리 얼싸라

Andaleus · 49

시간 너머

색(色)으로
현란(絢爛)한 형상(形象)은 무엇인가
이 삶이 진정한 실체(實體)인가
생명은 어디로
이토록 빠르게 달려가는가
홀황(忽慌) 저편
서술(序述) 너머
시간이 몸부림치는 상상(想像)의 끝자락에
무엇이 나를 맞이할까

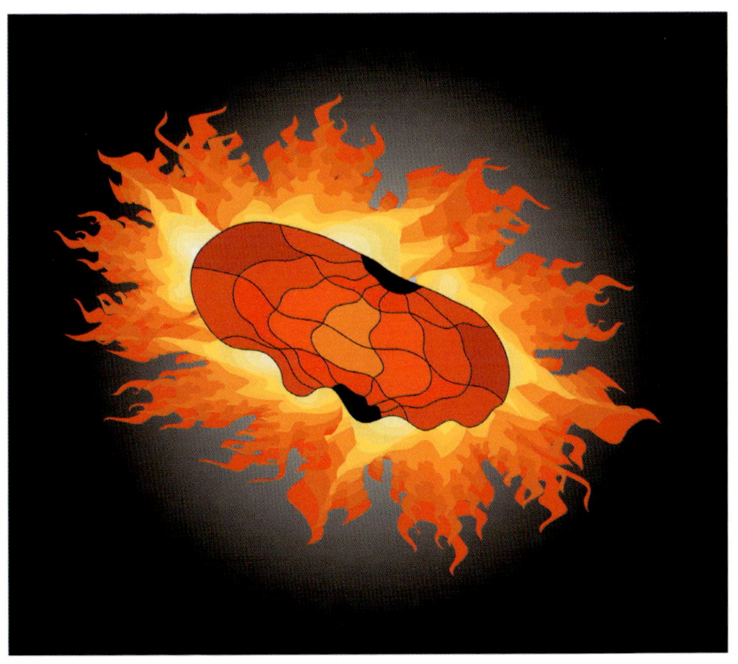

Andaleus · 50

시월이 오면

이름 없는 들꽃
황혼에 물든 입술
영혼이 반짝이며 흐르는 동안
산맥은 외로워 절망의 강을 건너갔으리

황홀한 비애는 질식에 잠기고
눈물에 침몰한 시(詩), 무상(無常)으로 흘러가네

시월이 오면, 황금의 나라
왕궁의 꽃이 만발한 밤
허기진 꿈을 안고 몸부림 하다가
기다리고
가서리
사랑은 홀로 눈을 감았지

하늘이 부서진 아우성
망각을 돌려다오
이 세상이 끝나기 전에

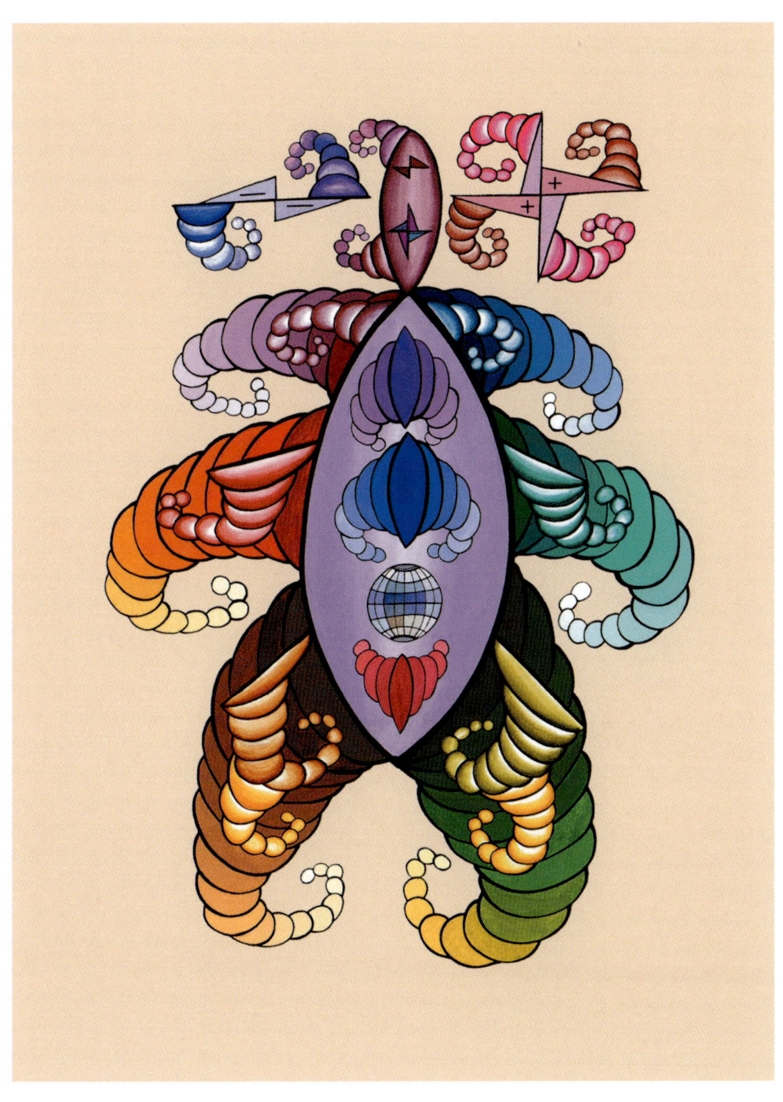

Andaleus · 51

상상 저 너머

누구나 스쳐 지나는 나의 시
천사는 날아와 덩실덩실 춤추고

내 그림 알지 못하는 누구도
별들은 날아와 잠들 수 있다

학이 웃는 사이로 붓이 흐르고
너울지는 그림물결 쌍 무지개여

상상(想像)저 너머 누가 보리야
영혼(靈魂)의 흐름을 누가 보리야

Andaleus · 52

별이 되리라

검은빛 궂은 세월
그 또한 내 인생이러니
어느 날엔가 반가이
그 시절 다가가
기쁨의 강물로 흘러
억수로 흘린 청상과부 눈물 만나
손에 손 잡고
흐느러지게 판소리 읊으며
일렁이는 바다에 다다르리라
홍건한 햇살 둥실둥실 마시고
노을 더불어 후즐근히 춤추다
만삭 달빛 만나면
산산이 부서져
어두운 밤하늘 별이 되리라

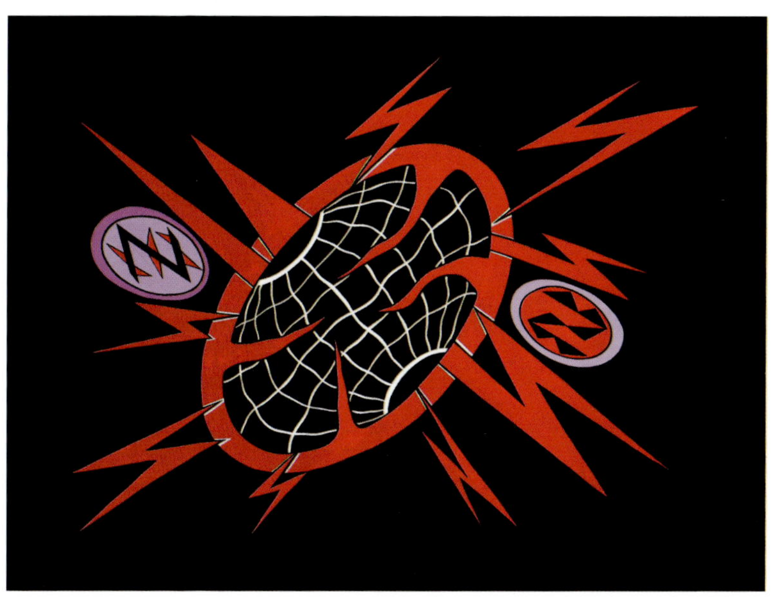

Andaleus · 53

웃음의 집

싱글 벙글 방글이
웃음이 삶이라
삶이 웃음이라
호호호호 기쁜 웃음
아하하하 눈부신 웃음
아 -나부끼는 싱글 웃음
아 -너풀대는 쌩그레 웃음
아 -펄렁이는 너털 웃음
너울진 허허 웃음
쏟아지는 깔깔 웃음
춤추는 하하 웃음
흐르는 해해 웃음
나르는 호호 웃음
너울진 후후 웃음
꿈꾸는 히히 웃음
신기루 흐흐 웃음
행복은 빙그레 웃음
웃음이 춤춘다
출렁이는 웃음 홍수

Andaleus · 54

찔레꽃

산줄기 무성하게 속삭이던 날
검은 보리밥 홍겨워라 홍얼홍얼
소꼴 셋님 선성골 갔었거니

둔덕이 바위
오수(午睡) 천년 꿈에 아롱아롱

건너편 기슭
늙은 머슴
사연 한 아름 끌어안고
구슬픈 넋두리 골짜기 흐르는데

홍에 떠내려가
찔레꽃 가락 절절이
구름아 들어라
외치던 그 형님은 어딘가에

Andaleus · 55

해골의 눈물

엽전 서푼에 타클라마칸 사막
슬픈 해골로 나동그라져
둥굴둥굴 궁구레 넋두리
갔다 가서리

오는 노새 가는 나귀
외눈으로 흘겨보다가

세월이 눈부시게
사막을 지날 때
천산은 철철이 물들어 가고

흰눈이 허드러이 춤추는 날
천년 꿈속으로 사라져

호곡(呼哭) 너풀너풀
무심한 강물 덧없이 흘러
갔다 가서리

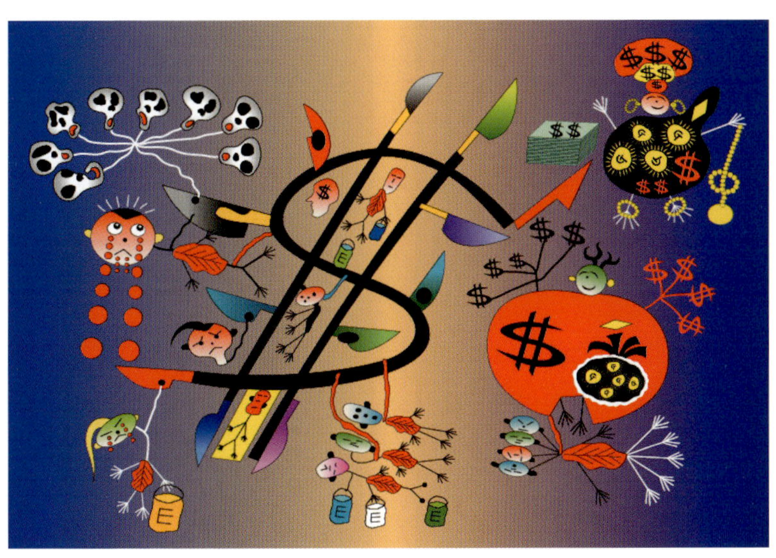

Andaleus · 56

호곡(號哭)의 휴전선

으스름 늘어진 달빛
휴전선 줄기지게 처박히고
해골의 통곡소리 골짜기 허물어진다

핏빛 바람 스산해져
능선마다 얼비추고
고향 잃은 넋들은 허공에 너풀댄다

동족에 겨눈 총구
미친 망나니 칼춤사위
비린내 웃음소리 강산 가득 죽음으로

세 바람꽃 피는 시절
텃새무리 어딜 가고
길 잃은 나그네새 울음소리 암담해라

Andaleus · 57

진퇴양난(進退兩難)

그녀는 세도나에서 왔다고 늘 말했다
금빛머리 눈이 부시어 늘 만나도 얼굴을 기억 못한다
어제도 오늘도 해를 등지고 바다를 향해 앉아 있는 것 같다
늘 노래를 부르건만 나는 늘 들을 수 없다
휘날리는 긴 머리가 파도에 엉키어 서쪽으로 흐르기 때문이다
더욱이 야자수 잎이 거미가 되어 소리를 줄로 옭아매어
나에게로 못 올 수 있다
잃은 것이 대체 무얼꼬
찾겠다는 것은 또 무얼꼬
언제인가 찾으면 가지고 간다고 했다
물어볼 수는 없다
언제부터인지 모르나 내 말이 가다가 거미줄에 걸린다
거미를 잡기는 잡아야 할 텐데
그러나 죽이는 것 살생이 아닌가
이도 저도 못하는 얼간이

Andaleus · 58

한밭의 여인

향기로운 지성의 빛
유혹의 질풍이 나부끼고
무덤에 잘려진 행복의 상형문자(象形文字)
슬픔이 만발한 강으로 흘러

한밭의 여인
애처로워라
강가 홀로 서서
형벌로 다가온 어두움 즐기고 서서

하늘과 땅은 어디서 만날 수 있을까
행복을 짜는 별은 어느 것일까

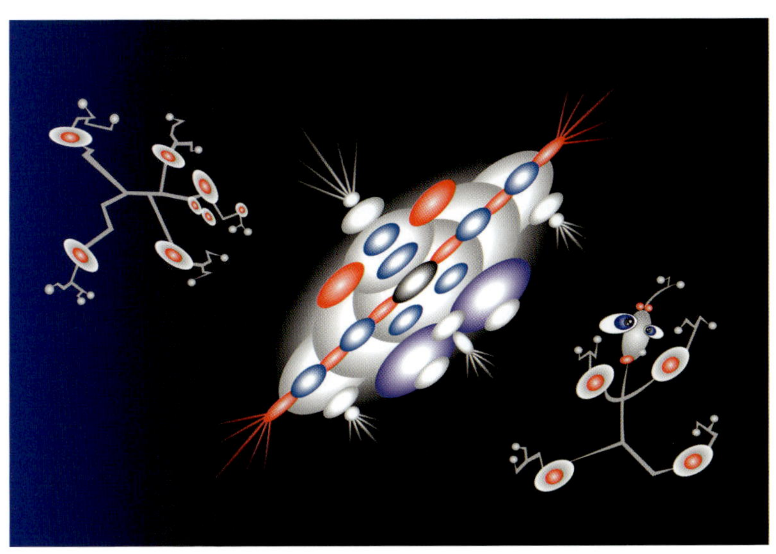

Andaleus · 59

폴로네시아 아가씨

일렁이는 별빛
슬픈 소야곡 늘어뜨리고
전설의 눈동자 속으로

야자수 스친 달빛
시간이 춤추는
폴로네시아 아가씨
허리에 감기네

눈은 어지러운 춤 속으로
파고들어가
구릿빛 허벅지에
사르르 안기고

빨간 젖가슴의 노래 속에
횃불이 타고 욕망이 타고
남국의 밤도 활활 타오르네

Andaleus · 60

핵(核)이다

헐벗은 나무 울음의 계단
찢어진 구름사이 허우적이는 황혼
저승사자 울리는 요령
허기진 악머구리
동토가 달려온 검은 그림자
심장을 포식해서리

하늘은 깎아먹은 벌건 입술
방부석 흥겨워 춤추는
허수아비 피 묻은 이불속

대갈장군 삥삥 소리
흔들흔들 등뼈 무너지는 소리
눈알이 썩는 아우성소리
아서라 가서리

Andaleus · 61

앵초 바람

하늘 저 너머
붉은 댕기 끝에
순정(純情)이 팔랑이고

푸른 눈빛 무지개 되어
산마루에 나부낀다

추억은 누더기 되어
가물가물 매달리고

언제나
앵초 바람 되어
하늘 저 너머 너를 찾아가리

Andaleus · 62

인연의 메아리

박꽃의 속삭임 무성한
저녁 노을 끌어안고
마주보는 어진이들

땀내 나는 웃음이 가득한
낡은 밀방석 용상에
초라한 찐 감자 바가지
하루의 주린 창자 채우며

금생의 인연이 메아리친
얼굴들이 사무친 연민으로
기다리고 기다린 긴긴 하루
입가에 미소 눈물 되어 흐르네

Andaleus · 63

벗님아

– 오주식 친구와 같이 지낸 날들을 회상하며

가고파 그리운 날들이여
찬이슬 가 여린 꽃봉오리
가진 것 덩그러니 빈손뿐

싸늘한 혼 이불속 둘이 누워
네 눈망울 시리게 바라보며
훗날 푸른 꿈꾸던 내 친구야

오갈 데 막연한 날 반겨준
찬밥 눈물로 비벼 먹은 날
천고의 세월 흘러도 잊으랴

또 다른 내일 젊음의 저편
희망의 파랑새 춤추는 바다
더 찬란한 태양 솟아오르고

이제, 아득히 먼 하늘 저편
아쉬워라, 가까이 보고파라
그리움 봄비마냥 흘러간다

Andaleus · 64

물신(物神)

눈부시게 휘날리는 똥 소나기다
시퍼런 욕망의 전선(戰船)
멸망이 자욱한 하늘

어지럽게 너풀대는 칼춤
코쟁이 푸줏간은 인산인해
차라리 아비규환(阿鼻叫喚)이다

기근이 불타오르는
동쪽 바다
출렁이는 긴 한숨 행렬

황금무덤 가서 떨고 있는
초라한 몰골의 화려한 군상들
걸식웃음 찬란도 하다

Andaleus · 65

먼 훗날

아득히 먼 훗날
또 다른 세상 생명으로 다가와
강산은 아름다워라
새싹은 춤추고 사슴 뛰놀고
아아-마리
온 세상 기쁨으로 넘치고

아득히 먼 훗날
또 다른 세상 웃음으로 다가와
세상 신비하여라
고을 마다 거리마다
아아-마야
온 세상 웃음으로 넘치고

아득히 먼 훗날
또 다른 세상 사랑으로 다가와
불가사의 하여라
눈물 없는 세상
아아-마마
온 세상 행복으로 넘치고

Andaleus · 66

목계(木鷄)

천문(天門)을 열어
어둠 속에 빛의 왕림(枉臨)
새벽마다 늘 고(告)하였느니
못 이룬 사연 저승사자 만나 구구한 변명마라
나는 천하를 제패(制覇)했느니
덧붙은 내 이름 목계(木鷄)라 칭하노니
경계가 사라진 희로애락(喜怒哀樂)
내 어찌 돌닭[石鷄]을 탐하리
사람들아 염마장(閻魔帳)에 닉시하지 말라
내가 목계이듯이

※ 염마장(閻魔帳) : 염라대왕이 죽은 사람의 생전의 죄상을 기록해놓은 책.

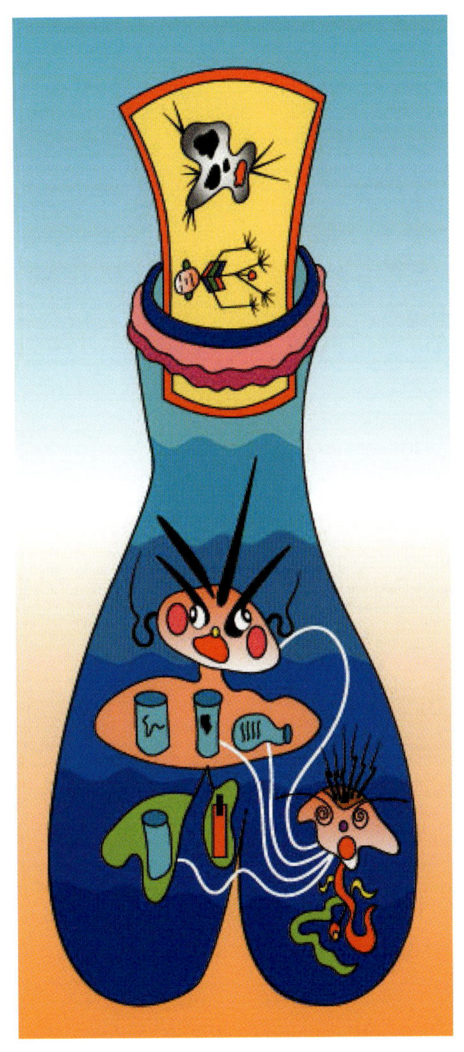

Andaleus · 67

멋쟁이

천둥을 왼손으로 잡고
벼락으로
소나기 위에
시(詩)를 쓰노라

저녁 노을 꾀어와
어둠 속에 자장가를
읊으리라

정열에 춤을 추며
달빛 속으로 사라져
영혼의 그림을
그리리라

서러움에 눈물짓는
여인의 침대로 들어가
유방 위에
천국을 노래하리라

Andaleus · 68

어머니 땀방울

우윳빛 연민이 함성으로 아리게 흐르는
높은 작골 자갈로 비벼놓은 따비밭

바람은 성난 호랑이 꼬리에 매달린
오만한 모기의 수염으로 느리게 흥얼거릴 뿐

축 늘어진 백발의 키다리 수수깡
성난 삼복(三伏)
불나는 미친 도끼 대지를 사살하고

폭포로 덮치는 어머니 이마 땀방울
남루한 무명적삼을 서럽게 두드린다

창자를 볼모로 허기는 천둥으로 매질하고
시퍼런 굶주림이 사방에 자욱하다

구절양장(九折羊腸) 사래긴 콩밭
오리무중
김매는 호미 숨결이 가파르다

Andaleus · 69

암울한 동굴

추억이 무성한 침대
창(槍)으로 너풀대는 부정맥

젖은 너의 목소리 화석 되어
울음으로 세월을 덧칠하던 날

병풍처럼 구겨진 날들
고독이 밤을 뒤척이고

모서리 어두움, 빛을 불사르랴
슬픔이 매질하는 암울한 동굴

Andaleus · 70

애수

적막의 절벽 골짜기
흐르는 물에
태고의 추억을 씻는
젊은 미망인의 치마폭
애수가 팔랑이며 스쳐간다

서러운 사연
조각구름 타고
아련히 흘러가는 하늘

환영의 그림자인양
나비의 초롱초롱한 눈빛
무지개 꽃 아롱이고

임이 가신 쌍그리라
그리운 날들이어

임의 속삭임 별이 되어
천년 꿈 아쉬워라
가고파라 그리움아

Andaleus · 71

야경(夜景)

힘차게 행진하는
미친 욕망의 허리를 자르면
안락의 궁전으로 향하는
오솔길이 보일까

기러기 날아
은하수 흐름 넘어
나비가 흐드러이 끌고 가던
꿈을 집을 수 있을까

다듬이 소리 달의 귀 간질기고
먼 산 두견이 울음소리
문풍지 산란히 흐물거릴때

때도 일그러진
닭울음방망이
구름에 뭉쳐 화들짝 피고
새벽별 시무룩이
목 늘이고 사라지네

Andaleus · 72

태양의 배꼽

홀황(忽荒) 있느냐 없느냐
아리숭숭 오묘한 경지다
빛과 어두움이 없는
유무(有無)가 존재하지 않는 형상(形象) 그 너머다
나는 우주의 알(卵)에서 나온 태양의 배꼽
시간의 깃털
별의 이식으로 다가와 빛을 먹는다
억겁(億劫)의 명상으로 떠도는 우주의 떠돌이
허공의 착시로 사정(射精)한 단세포 흙의 사생아
달빛으로 온 꽃잎이거니
보슬비 영그는 노래 평화로워라
푸름아 나의 쌍둥이여
삼엽충(三葉蟲)은 나의 어린시절 소꼽친구
사하라 사막의 황량한 고뇌가 그리워라
포식자(捕食者) 시퍼런 눈초리
해맑은 평온의 대지 선혈로 꽃주름지고
숙명의 줄기에 처절하게 매달린 나무두더지
대지가 못내 아쉬워 낙지(落地)하였거늘
검은 동굴에 목숨을 걸고

Andaleus · 73

덧없이 세월은 흘러
원숭이의 오종종한 몰골이 탄생한 초상화
꽃의 전설 바람의 강간(强姦)이다
시간이 사라진 동굴 상상(想像)의 노예
신이 버린 떨어진 신발짝
망연자실 무한시간 저편 돌아갈 수 없는 보금자리
망루를 바라보며 눈물 흘리는 허깨비 상투
소망이란 유혹의 등대에 미친 하루살이의 코털
청순한 연민의 불길을 밤하늘에 훨훨 태우며
온몸은 황홀한 절규로 물든 신기루에 앉은 무지개다
자비의 이슬 그리워 몸부림친들
살육의 번개 사방에 번득이고
잔인한 웃음소리 무성한 성곽(城廓)
변덕의 바람 휘몰아치고
집착의 안개에 취한 몽롱한 눈
무르익은 죽음의 노을 속
역겨운 콧노래 가까이 다가오고
어스름 속 거친 물방울
돌아갈 자궁만이 한없이 그리운 시절이다

※ 삼엽충 : 5억 년 전에 바다에 살았던 갑각류(甲殼類).

Andaleus · 74

웃다가 기절초풍

세상 웃음 다 모여라
산지사방 구름처럼 모여든 웃음들아
흔들 건들 돌무갓 웃음
천당 선녀 웃음
지옥 악마 웃음
시베리아 벌판 웃음
아라스카 빙산 웃음
북해바다 동토(凍土) 웃음
휘닉스(Phoenix) 찜질 웃음
남극의 펭귄 웃음
남태평양 작열(灼熱) 웃음
극과 극이 만난 웃음
메스꺼운 질경이 웃음
하이에나 썩은 웃음
감기 오한(惡寒)덜덜이 웃음
모기 많다 앵앵이 웃음
하루살이 하다닥 웃음
비린내 나는 고등어 웃음
여자 볼기 찰딱 웃음

Andaleus · 75

바람잡이 기생 웃음
공동묘지 송장 웃음
다다닥 다다닥 해골 웃음
알록산 사로잡은 양귀비 웃음
헐랭이 간 녹이는 황진이 웃음
차디차고, 덥디 덥다
너털웃음, 건방진 웃음, 방정맞은 웃음, 쌩끗 웃음, 수줍은 웃음, 너털웃음, 비웃다 죽은 웃음, 쌩끗 웃음, 멱살 잡고 쌈질하다 배꼽잡고 웃는다
처녀 웃음 사내잡고, 총각 웃음 비발이 몸살 난다
과부 웃음 홀아비 죽고, 홀아비 웃음 과부 사지 무너진다
파도 웃고, 노을 웃고, 횃불 웃고, 춤이 웃고
하하하하 호호호호 후후후후 히히히히 해해해해
웃다가 기절초풍
와이키키 너풀대는 난장판 웃음

Andaleus · 76

언덕말

산비탈 바위 곁에 매달린 감나무
그 밑에 바위 비집고 몸부림치며 솟아나는 아기 샘물
곁에서 매화나무는 때가 되면 허드레 꽃이 피고
참죽나무는 옆구리에 셋방살이하는 어른 손바닥만 한 내가 만든 꽃밭
무궁화, 황매화, 맨드라미, 분꽃
싸리문을 나가며 들어오며
나와 눈이 마주치면 새색시마냥 수줍어하던 어린꽃들
뒷간 뒤 오동나무
헛간에 쇠스랑 도리깨 고무래 도롱이 삿갓
엉성한 돌담 떨어질세라 땀 흘리며 한사코 덩굴에 매달린 아기호박
참죽나무 밑 닭장 쌈질하던 장닭
덩치 큰 흙 토끼
철사 빨랫줄에 왕방울 눈 두리번거리던 고추잠자리
한발을 절으시며 고샅길 송아지 고삐잡고 오시는 큰아버지
피골이 상접, 큰 눈만 얼굴에 걸려 매부 등에 업어 집을 들어오던 누님

Andaleus · 77

떨어진 버선에 걸레를 둘둘 발에 감고 겨울에 짚신을 신고 지개 지고 산을 오르시는 아버지
몸보다 더 큰 무거운 참외 광주리를 머리에 이시고 깔딱고개를 넘어가시는 어무이
어머니가 영양실조로 젓이 나오질 않아 어릴 때 젖을 먹지 못해 키가 자라지 못한 가엾은 동생

돌담에 간신히 매달린 호박이 자라면 호박 부침해주마 하시던 어무이 말씀 듣고 아침 잠자리에서 눈뜨면 그곳에 달려가 얼마나 자랐는지 만져보던 나의 작은 손

Andaleus · 78

샹발라

무한번뇌(無限煩惱)
배낭에 짊어지고
뜨거운 열망의 빛
심장 가득하다
백운처럼 피어나는
번민의 날개
카일라산을 향한다

달콤한 밀어
끝자락에 매달린 세월
수미산
'코라'의 길 아득한데

무량겁 쌓인 죄업
어찌 해탈을 기대하리?
'돌마'를 잡고 천만번 하소연 한들
메루는 멀리 줄행랑 하는 고야

Andaleus · 79

간절한 소망
이생, 저승 하소연
하에나, 밀라레바 손톱에
한 점 먹물이 되랴

하얀 명상(瞑想)의 여정(旅程)
무심한 꽃잎
비명 속으로
몸부림 더불어 굴러가네

※ 샹발라 : 티베트에 있는 이상향.

※ 카일라산 : 티베트 서북쪽 황량한 고원에 위치(6,714m).

Andaleus · 80

나는 몰라

이름을 알 수 없는 그가
우주 밖에서 왔다고 했다

어제는 구름을 업고 다니고
오늘은 바람을 타고 왔다

기다리지 말지니
내일은 바다를 마시고 올 거다

나는 염라대왕의 스승이며
천상(天上) 선녀(仙女)의 지아비니라

어제 꽃으로 와서
나비를 데려가더니

오늘은 비로 와서
염생이와 같이 갔다

내일은 안개 속에

Andaleus · 81

그가 보일락 말락 하다가

작년에는 눈으로
곤륜산을 덮을 거다

동굴 안에 삼천년을 살고
고래 허파에서 백년을 물장구 치고 놀다가
어느 하세월 명상(瞑想) 속에 잠을 잤기에
하늘 밖 별에다 둥지를 마련했노?

떠돌이 환쟁이

배짱으로 그리자
추상화를 그리자
나는 떠돌이
무턱대고 환쟁이

럭키산맥 뿌리 뽑아 붓으로
태평양은 풍성한 그림물감
은하수에 캠퍼스
헐렁하게 걸어놓고
온 하늘 가득 기고만장(氣高萬丈)을 그리자

어설피로 그리자
배꼽잡고 뒹굴며 웃는 쥐새끼
나 죽여라 버티는 황당한 나무 느림보
총각이 처녀 꾀는 핵핵 소리
달밤에 밤새도록 청승맞게 울어대는 아라스카 늑대
청춘과부 삼경에 외로워 잠 못 이루는 애절한 한숨소리
열아홉 새신랑 싣고 가는 구성진 상여소리

Andaleus · 82

용기를 듬뿍 담아서 활개치게 그리자
타락은 싸가지 반 토막으로

죽음은 꼬랑이만
악마는 천하일색 양귀비로 요염하게
나의 친구 염라대왕
미남으로 오밀조밀하게

땡땡이도 그리자
아기 우는 소리, 산모의 눈웃음, 신혼부부 첫날밤, 기쁨, 감격, 용기, 열정, 신념, 성공 정성스레 그리자

조심조심 살살이로 그리자
사랑, 자비, 헌신, 엄숙이로 그리자

실실이도 그리자
파라다이스(Paradise), 니르바나(Nirvana), 천국,
요란 요란 그리자

무턱대고 환쟁이
땡땡이 그림

Andaleus · 83

10월의 여인

나는 시월의 여인
진저리친 새의 부러진 날개
창살 틈으로 세상에 나왔다

무지개 모질게 엉클어진 틈
삐죽이 튀어 나온 숨소리
어떻게 살아야 하는가
무수한 사연이 굴러간 골짜기
눈물의 인개 아우성치고
바람이 누더기를 버리고 간 창가
가냘퍼라, 언제나 홀로이었지
매서운 눈초리 범람하는 거리
태양은 검은 악마 되어
나를 따라 다녔지

웃음이 어지러이 나부낀 침대
지금은 신음 소리 울렁이고

선웃음 꽃잎 되어 내 어깨 누르는 밤

Andaleus · 84

은하수 부서진 찌꺼기
내 얼굴을 덮어 오네

마지막 벼려야할 조각난 사연
불타는 축제의 꽃향기
내 몸에 뿌려주오
나는 시월에 태어난 시월의 여인
지금은 나 홀로 때 되어
이 시월에 이대로 눈을 감겠네

모정(慕情)

장남삼아 세월을 가지고 놀던 아이
고독이 말갛게 홍시(紅柹)되어
무르익은 계절
연민이 하얗게 켜켜이 쌓였거니

볼 위 퇴색한 동굴
막연히 아른대는 희미한 불빛
무슨 기약이 출렁이랴만

하늘가
펄럭이는 격랑을 밟고
시간이 역류하는 진화의 돌연변이
외돌아
돌아, 두루 떠돌아
다정은 펄럭이는 싸락눈 내리고
침묵으로 다가온 입가에 실개천
수많은 산맥이 이미 이마에 무성하니

연자방아 굵은 울음 낭자한 그 언덕

Andaleus · 85

그리움 겹겹이 굽이지어
나부끼는 창가는 그 옛날 달빛이 걸터앉아
전설이 얼룩진 흔적이 손짓하나

차디찬 볼을 녹여주던
하늘처럼 따스한 그 인자한 가슴
돌아가 만질 수 없는 적멸의 땅에
이제 아아, 토라진 강물 위에 출렁이는 한(恨)

태초

바다 한자락 자궁에서
하느작 하느작 휘적이다가
저승 사자 잠든 사이
묻으로 줄행랑 하였거니

별을 마시고
꽃바람에 잠들어
나비의 단꿈에 취했으나
미친 바람속 유랑하다
구름속 누각에 기거터니
종내 사랑의 헛개비 끌어안고
노을 속으로 사라져

사하라
낙타 통곡소리 실안개 서리어
사하라사막은 슬프고
바랑에 목매인 목탁
모래바람 눈물 젖어

베레나

Andaleus · 86

갠지스강 어설픈 이야기
화장장 도떼기는 파장
장작더미 망자의 시름 어려
명상의 넋두리 뱃노래 서글프다

광대 인생
광란의 춤사위로
달빛은 쏟아지고
마법의 향기 몽롱한 광대

망각의 바다에 허우적이다가
마주한 눈빛에 취해
은하수 저편으로 흔적도 없이

별빛 만이라도
황량한 사막에 별빛도 무량하다

못다 한 서러움 안고
가오리 기나긴 울음소리
산마루 저편
흰 구름 꼬리로 사라져

Andaleus · 87

어디에서 어디로

갓난아기의 웃음 속을
비집고 들어가
너울너울 춤을 추어야지

춤을 비집고 들어가
아직 살아보지 못한
멋진 삶을 살아야겠지

멋진 삶을 비집고 들어가
명상을 해야 되겠지

명상 속을 비집고 들어가
하늘의 진리를 알아내야겠지

진리를 비집고 들어가
생명의 노래를 불러야지

생명을 비집고 들어가
아직 만나지 못한

나의 영혼을 만나야겠지

나의 영혼을 만나면
나는 어디서 와서 어디로 가느냐고
다그쳐 물어봐야겠지

Andaleus · 88

추억의 아리랑

아리랑을 우므리며 천산을 떠갔거니
산은 슬픈 섬이 되어 소라처럼
눈물에 쌓이고
어기적거리는 통나무 달구지
옛이야기 푸짐히 실어
뿔 악어가 기다리는 강기슭
오막살이 마다하지 않았거니

고비사막 모래폭풍
그래도 도토리 국물 속 반짝이는
별빛 흥겨웠거니

늑대가 먹다버린 고향생각
밤마다 천정에서 두런거리고
하고많은 사연 모래언덕 되어
꽃잎처럼 쌓여갔느니

이제 가도 오도 못할 천길 절벽
옛이야기 쓰레기처럼 여기 저기 널려 있고

Andaleus · 89

늙은 과부와 어우러져
아득히 멀어져간 북극성

이 삼동(三冬)
혹한(酷寒) 삼경(三更)에
담 너머에는
벌거벗은 아리랑이 추위에 떨고 있으니

※ 우므리며 : 울며 부르며.

윌리엄 수어드(William Seward)

알래스카의 광대무변한 땅을
단돈 칠백 이십만 불로 소련에서
사들인 윌리엄 수어드
당시 미 국무장관
쓸모없는 동토, 냉장고를 사들인
어리석은 바보로
의회와 국민으로부터
비난과 조롱거리로
살아생전 괴로워하다가
세상에서 사라져갔다
훗날
검은 황금이 쏟아지는
선택 받은 보석의 대지로
그는 이제 대통령보다 더
인기 있는 선망의 우상으로
미국 젊은이에게 다가왔다
왜
먼 미래를 꿰뚫어 본 그의 안목
누구도 지니지 못한 배짱과 용기

Andaleus · 90

인기를 버리고 소신으로 행한
그의 고독한 선택의 결단
과연 대장부가 아니더냐
살아서 쥐꼬리만 한
권력과 부귀에 미쳐 춤추는 놈들아
히히 헤헤 흐흐
비린내 나는 웃음 웃지 말거라
다르게 살 거라
후세 뭇사람이 그는 멋있는 인간이었지
그때
지하에서 우렁찬 웃음을 웃거라

나는 빈손이다

산모의 해산 고통소리가 자지러지고
갓난아이 울음소리 응애응애 천둥치더니
유모차 우차차 달려 나오고

우유병 쪽쪽, 짹짹, 아기 재잘거리는 소리
무성하게 꽃피고 꽃 지고
걸음마 뒤뚱뒤뚱 짤래짤래 아기작 저기작
아지랑이, 저녁노을, 구름가고, 달뜨고
히히헤헤 하하호호 간드러진 웃음소리 자지러지더니

장난감, 벙거지, 책가방, 연필, 세발자전거,
시험지, 선생님, 교수, 학력고사, 도둑학원,
천둥 등록금 족쇄 퇴물대학,
치맛바람, 바지바람, 돈바람, 웃음바람,
땡땡이 바람, ??? !!!! 화창하고

욕망, 감투, 질투, 모략, 타락, 중상 돈뭉치, 학연, 지연,
고깃덩어리, 이력서 다발, 예금 통장
호화 아파트, 밴스 승용차, 패물, 다이아 반지, 진주 목걸이

십자가, 목탁, 울부짖고, 절규하고,
탄식하고, 절망하며, 눈물, 콧물
얽히고설키고, 뒤범벅, 저 범벅, 똥배,
사기꾼, 꽃다발

세상은 난장판, 피투성이가 되어 싸우더니만

의사가 청진기를 흔들며 즐거운 듯
성큼성큼 걸어 들어가고
약병(藥甁)이 눈웃음치며 줄래줄래 따라 들어가더니

경각(頃刻)
장의사 영감 큰 전대(錢臺) 꽁무니 단단히 차고
킬킬 웃으며 들어가가서리

상여(喪輿)가 나오고, 통곡소리 연달아 나오고
관속에서 양손이 와다닥 튀어 나오며
고래고래 소리를 질러댄다?

"세상 사람들아 귀 후비고 잘 듣거라"
눈 깨끗이 씻고 "똑똑히 보거라"
나는 세상을 떠난다
"나는 빈손이다" "나는 땡전 한 닢 못가지고 간다"
"거짓말 아니다"

"진짜다"

Andaleus · 91

나를 찾아가는 길

빅뱅이 휘몰이 하는 날
망망한 우주 저편 먼지 알갱이로
이 행성에 사르르 다가와
7억 년 전 바다의 자궁에서 태어났느니
너울너울 창조의 무지개 춤
내 고향 태고시절 그립고야

아기웃음 동산에 가득피고
엄마품은 너무나 아늑해라
햇살도 향기로웠지

아 세월이 오물(汚物)에 휩쓸려가
천지가 신을 파는 돌팔이 우글우글
돈에 미친 아비규환 군상들
자식 팔고, 애비 팔고, 남편 팔고, 아내 팔고
세상 썩은 냄새 하늘은 찌르고

부패한 양심이 토해내는 악취로
생명이 시들어가는 슬픈 거리

Andaleus · 92

나는 어디로 사라져갔나?

나를 찾으러 가야만 하는데
태고의 바다로 가야 나를 찾는다
두 손 꽁무니 단단히 움켜잡고
머리에 수건 질끈 동여맨 채
잠수복을 입고, 물안경을 쓰고, 물갈퀴를 신은 다음
겹겹이 쌓인 인연의 고리를 끊고
붉은 강물로 풍덩 뛰어 들었다

이 강은 거꾸로 바다에서 산으로 오른다

센 물살을 거슬러 올라가되
몸은 반드시 물속으로 행진하여야 하느니
바위에는 끈끈이주걱이 있어 한번 붙으면 떨어지지 않아
질식한다
요리 조리 피해 조심조심 올라가야 되느니

강에는 머리가 앞뒤로 두 개 달린 악어가 있다
먹히지 않도록 물에는 시간을 먹는 괴물
거꾸로 돌아가는 행복 시계
고통을 뿌리는 모래무지, 피를 빨아먹는 물방개, 수갑을
가지고 기다리는 뱀장어, 창을 가진 황게, 활을 겨누는 물
방개, 전차로 무장한 가재, 수류탄을 가진 소라
이 모두를 피해가지 않으면 아니 되느니

역류해서 어느 지경까지 왔는가
그때
팔색조 울음소리 사이로 쿵, 쿵, 쿵 규칙적으로 들

리는 소리
해오라기 날개 사이로 어머니 자장가소리
황조롱이 꼬리에 매달린 고향소리
크낙새 발가락에 묻은 추억들

나의 심장 뛰는 소리 아물아물 가냘프게 들리는데
너무 지쳐 더 이상 접근할 수 없구나

멀지 않은 곳에서 양심이 가면을 쓰고 손짓하고
후회의 한숨소리, 흐느끼는 소리, 음흉한 웃음소리,
꽹과리소리, 송아지 음매하는 소리, 피리소리, 천둥소리,
대붕(大鵬)이 날라 가는 소리, 다듬이 소리, 과부 넋두리,
돈 세는 소리, 상여소리, 어수선하게 들리고

목탁을 짊어진 땡땡이 중놈 잠시 보이다 사라지고
십자가 타고 춤추는 목사놈 슬쩍 지나간다
뒤따라 석가와 예수가 금덩어리를 짊어지고
다정하게 손을 잡고 헐레벌떡 뛰어가고
내도 번개처럼 얼핏 지나가는 것 같은데

분명하지는 않고

고향을 기필코 가야 나를 찾을 수 있고
양심보따리를 챙길 수 있을 텐데
세상을 좀먹는 돌팔이도 쫓아내고
산더미 같은 양심의 쓰레기들 청소도 해야 하는데
"만약 나를 찾으면 다시 잃어버리지 말아야지"

한 치 올라가면 세 치 밀리고
두 치 헤엄치면 여섯 치 밀리고
지쳐서 더 이상 갈 수 없구나
살갗은 모두 해어지고 뼈만 앙상한데
나는 영영 찾지 못하고

불생불멸(不生不滅) 입으로 중얼거리며
의식이 점점 희미해지는구나
종내 까무러치고

나는 태어나지도 않았었고 죽지도 않았다
영원히

Andaleus · 93

우주예술

안다레우스

천산 아리랑

2014년 3월 5일 인쇄
2014년 3월 10일 발행

지은이 / 이원영
발행인 / 박진환
펴낸곳 / 조선문학사
등록번호 / 1-2733
주소 / 120-853 서울 서대문구 통일로 389(홍제동)
대표전화 / 02-730-2255
팩스 / 02-723-9373

ISBN 978-89-98115-44-9

정가 15,000원